그리움이 파도처럼

그리움이 파도처럼

2025년 11월 21일 초판 1쇄 인쇄 발행

지은이	양희봉
펴낸이	박종래
펴낸곳	도서출판 명성서림
등록번호	301-2014-013
주소	04625 서울시 중구 필동로 6 (2, 3층)
대표전화	02)2277-2800
팩스	02)2277-8945
이메일	msprint8944@naver.com

값 10,000원
ISBN 979-11-7439-061-5

본 책의 구성 및 맞춤법, 띄어쓰기는 작가의 의도에 따랐습니다.
이 책의 저작권은 저자와 도서출판 명성서림에 있습니다. 무단 전재 및 복제를 금합니다.
이 책 내용의 일부 또는 전부를 재사용하려면 반드시 저자와 도서출판 명성서림의 동의를 얻어야 합니다.
파본은 구입처에서 바꾸어 드립니다.

그리움이 파도처럼

양희봉 제8시집

도서출판 명성서림

책을 펴내며

공안부서 공무원 생활 40년 근무하고 퇴임했습니다.
그리고 틈날 때마다 세계 곳곳을 살피며 다녀보았습니다.
우리 대한민국은 지구촌 유일의 분단국가입니다.
동족상잔 육이오사변의 한국전쟁을 겪었습니다.
그러나 우리 백의민족의 저력은 대단합니다.
종전 이후 휴전상태에서 33년 만에 《88올림픽》을 개최했고,
이어 《2002FIFA한·일월드컵》를 개최하여 세계의 이목을
집중시켰습니다. 지금 우리나라는 복지가 잘 되고 깨끗하며,
생활이 편리한 나라로 인정되었고, 세계 선진국으로 들어섰습니다.

우리 모두 서로에게 격려와 감사하고 품위 있는 언행으로 더욱더 살기 좋은 나라, 살고 싶은 나라로 함께하기를 기대합니다. 시는 제 마음을 닦는 거울이라 했습니다.
쓰는 사람이나 읽는 사람의 마음의 거울에 성에가 끼지 않도록 사유 깊은 글쓰기에 정진하고자 합니다.
부족한 제8집을 상재 하면서, 늘 부족함을 느끼면서도 귀감이 되는 글을 써보자는 용기를 내봅니다.
제9, 10집으로 졸서이나마 이어가겠습니다.
감사합니다.

저자 양희봉

목차

1부
강진만 갈대 숲에서

첫사랑	12
초등학교 동창생	16
전우戰友	17
경우警友	18
길 위에서 만난 사람들	19
노인복지관 동아리	20
문인협회	22
여행 가이드	23
지하철에서	24
어머니	25
내 고향 강진아	26
강진만 갈대숲에서	28
월출산月出山	29
꼰대로 늙지 않으려면	30
AI시대 살아가기	31
하버드 새벽 4시 반	32
학업 올림픽 선수의 할머니	33
세계가 부러워하는 한류 문화	34
파리 올림픽	35
한류 문화 한글	38
나비의 꿈	40

2부

말 잘하는 자

팔정도八正道	42
면벽수행	43
심우도尋牛圖	44
국교도 아닌데	45
산목련	46
원진사院津寺 연꽃밭에서	47
세월	48
추석	49
기우제	50
말 잘하는 자	51
때로는 안팎을	52
개구즉착開口卽錯	53
개는 개 사람은 사람	54
힘들었던 어린 시절	56
마지막 잎새	57
서울 예찬	58
청계천의 어제와 오늘	60
은평恩平에 살리라	61
억새의 노래	62
불광천 벚꽃축제	64
꽃들과 대화	65

목차

3부
추억의 하모니

백두산 천지에서	72
3.1절	74
통곡의 미루나무	75
프로야구	76
프로야구3	78
소이산 전망대	79
가을야구	80
추억의 하모니	81
소나무	82
산책길 붓꽃	83
코스모스	84
하늘이 있잖은가	85
솔향의 길	86
북한산을 오르며	87
후회	88
거시기	89
한탄강 하늘다리에서	90

4부
꽃은 울지 않는다

저녁노을	92
눈꽃 세상	93
눈물 꽃	94
꽃은 울지 않는다	95
설악 단풍	96
꽃과 나비	97
설 악 초	98
명자꽃 이야기	99
목련꽃 아래서	100
과수원 일기	101
민둥산 억새	102
구월을 부르는 소리	104
시월의 마지막 날에	105
12월의 편지	106
삼짇날의 눈꽃	107
유월의 꽃	108
폐허 - 담쟁이넝쿨	109
강아지풀	110
나목	111
낙엽	112
동백꽃	113
능소화	114
꽃길을 떠나는 사람	115

목차

5부
생각이 곧으면 산다

꽃보다 아름다운 꽃향기	118
베란다 화단	119
여섯 잎 클로버	120
주말농장	121
땅끝마을에서	122
웃는 얼굴에	124
꿈은 이루어진다	125
생각이 곧으면 산다	126
석양이 하고 싶은 말	127
노을이 지고 있다	128
독거노인	129
추억에 묻히리라	130
근원根源	131
윤동주 생가에서	132
내일의 자화상	133
구름이 즐거우니	134
낙가산洛迦山 보문사	135
수국사守國寺	136
한미산 흥국사興國寺	137
경찰관	138
여의 샛강에서	139
매미의 일생 2	140
봉선사 연꽃밭에서	141
양희봉梁熙琫의 가계家系	142

1부
강진만 갈대 숲에서

첫사랑

첫사랑은 누구에게나 있을 것이다.

첫사랑을 꽃피워 사는 사람이 있는가 하면 어떤 사람은 가슴에 묻어 두고 추억하며, 오색무지개를 그리며 살 것이다.

나에게 첫사랑은 안타까운 실연의 역사다.

나의 첫사랑은 새내기 경찰관이 되어 첫 발령지 강원도 강릉에서 경찰업무를 바쁘게 수행할 당시 하숙집 옆집의 눈에 번쩍 띄는 처녀가 있었다.

그녀를 남다르게 느낀 감정은 여고를 갓 졸업한 앳된 소녀로서 첫째 인상이 밝았고 모든 일을 긍정적으로 받아들이고 언제나 허름한 바지 차림으로 낮에는 부모님의 농사일을 거들고 밤에는 가정교사 노릇을 하는 등 건실한 생활 태도가 나를 감동케 하였다. 쿵당쿵당거리는 마음으로 연애편지를 보냈고, 얼마 후에 만나 서로를 이해하고 나는 그녀의 애칭을 '종'이라 부르며 꾸밈없는 사랑을 했다.

연애가 불륜처럼 인정되는 때라 남몰래 만나는 것이

황홀하기도 하다 특히 수줍음이 많은 우리는 주로 어두운 밤 데이트를 즐겼다.

 산으로 들로 해변으로 때로는 눈이 쌓인 공동묘지에서 뒹굴기도 하고, 자전거를 타고 가다 남대천 물에 빠져 동태가 될 뻔도 했다. 종이와 나는 무언의 다짐을 했다 세상에 아무리 세찬 파도가 치고 태풍에 나뭇가지가 부러지더라도 우리 사랑은 멈추지 않을 것이다.

 그러던 어느 날 종이의 소식이 끊겼다.
 애간장을 태우고 있던 중, 한 달여 만에 초췌한 모습으로 나타난 그녀가 한동안 말을 잇지 못하다가 다른 사람에게 시집을 가야 한다는 것이다.

 사연은 손위 언니가 인근 공군부대 초급장교와 불장난 같은 사랑을 하다 임신중절 도중 영아와 함께 사망하였다고 한다. 그녀의 부모님은 언니와 같은 전철을 밟지 않게 종이에게도 서둘러 혼약을 맺어버렸다는 것이다. 그때 종이는 집을 도망쳐 나올 터이니 자기와 함께 살면서 결혼을 하자고 흐느끼며 울면서 하소연을 하는 것이다.

순간 나는 어찌할 바를 모르는 바보가 된다.
아직 가정을 꾸리고 살만한 직위도, 방 한 칸 마련할 기반도 없어, 용감하게 종이의 부모님을 찾아 결혼 승낙을 받을 용기도 없었으니....

후미진 백사장 만개한 해당화 모래밭에 나란히 누워 밤하늘에 쏟아져 내리는 별빛만 바라다 본다. 보름달이 구름 속으로 비웃으며 사라져 갔다.

그날 밤 종이는 집으로, 나는 하숙집으로 돌아간 후, 이 무슨 운명의 장난인가. 나는 도 경찰국이 소재한 춘천으로 발령을 받아 뭐라 말할 겨를도 없이 홀연히 헤어진 후에 우리의 만남은 여기서 끝이 났다.

나는 바보였다. 용기도 없었다. 사랑을 위해 희생할 줄도 모르는 나를 그녀가 어찌 용서할 수 있겠는가. 이미 결혼한 연인을 만나서 무얼 하나 인연이 아니었기에 헤어졌다고 변명하기에는 너무 한심하지 않은가....

오랜 세월이 흘렀다.

너무나 순수한 첫사랑을 따뜻하게 받아들이지 못한 나의 바보짓이 한없이 후회스럽기만 하다.

추억 속의 그녀는 지금도 영롱한 눈빛으로 내 가슴속에 잠들어 있다.

꿈길에서도 자주 만난다.

지금은 어느 하늘 아래서 무엇을 하고 지내는지.... 죽었는지, 살았는지, 때늦은 고백이지만

'진심으로 사랑했노라고, 이루지 못한 첫사랑의 잘못은 다 나의 몫이라고....'

한마디 말도 못 하고 영영 이별을 하고 만, 첫사랑의 그리움은 끝이 없다.

한 번만이라도 만날 수만 있다면 얼마나 좋을까. 저세상에 가서라도 'never say goodbye' 라고 꼭 안아 주고 싶다.

초등학교 동창생

초등학교 6년을 꼬박

짝꿍이었다

눈시울만 보아도

그를 알고 나를 알았다

60여 년이 지난 오늘까지

살아남아

만나고 헤어지고 있다

이보다 더 그리운 자 누구인가

전우戰友

30개월 병영생활을

같은 부대 같은 부서에서

동고동락하였다

그도 나도

육군 병장으로

만기 제대를 했다

안 보면 보고 싶고

보면서도 그리운 사람

경우 警友

35년 경찰 생활

기본은 봉사와 질서

나라의 치안유지라지만

때로는 대간첩 활동

때로는 시위 진압

죽음을 각오하고

함께한 세월

피눈물도 많이 흘렸지

길 위에서 만난 사람들

비록 자원봉사이지만
일터로 나갈 때
버스 지하철 택시 기사님
고맙습니다

쑤시고 아프고 어지럼을 호소하러
병원에 가면
반갑게 맞아주는
간호사님 의사 선생님
고맙습니다

겨우겨우 집에 돌아와
"밥 먼저 드시고
 약을 먹고 바르고
 누우면 안 돼요 걸어야 산답니다."
간병사님 고맙습니다

노인복지관 동아리

어느 복지관이나 크게 다를 게 없겠지만
사업 내용이나 규모 면에서
서울특별시 네 손가락 안에 꼽히며
외국에서도 벤치마킹해 간다는
시립「마포노인종합복지관」 회원들의
예를 든다

이들의 평균 연령은 80세
10명 중 7~8명이 똑바로 걷지를 못한다

허리가 구부러진 사람
갈지자로 걷는 사람
지팡이에 의존하고
워커를 앞세우고
휠체어에 실려 오는 사람
그것도 아니 되어
택시를 타거나 보호자의 승용차를 타고
멀거나 가까운 길을
작심 내왕하고 있다

그들이
무슨 물질적 구호를 받으러
오는 것은 결코 아닐 것이다

불의에 맞선 정의
거짓에 맞선 진실
한마디로 물질적 풍요가 아니라
정신적으로 건강한 나와
건강한 사회를 이룩하자 하는
큰 뜻에서일 것이라 확신하고 싶다

우리 이제
거짓을 진실인 양 국민 여론을 호도하고
끼리끼리 편 가르기 싸움이나
할 때는 아니잖은가

나는 그들의 용기와
어린양처럼 순진한 눈망울에 끌려
10여 년을 함께하고 있다

문인협회

좀 더 아름다운
글쓰기를 위하여
몽당연필을 몇 자루나 버려야 했던가
쓰고 또 쓰며 퇴고를 거듭했던가
같이한 세월이 길수록
작품이 탱글탱글하지 않던가

여행 가이드

내 나라
이웃 나라
먼 나라
이곳저곳을 여행하면서
많고 많은 경험을 안겨 준 사람
궂은 날 별빛처럼 그립잖은가

지하철에서

여자에게
- 취한 척 기대지 마세요

남자에게
- 그렇게 쳐다보지 마세요
  내 몸에 닿지 않게 바로 앉아 주세요

모두에게
- 몰래카메라는 절대 안 돼요

차례로 줄을 서서 안전하게 타고 내리세요
세계가 부러워하는 쾌적한
우리의 지하철입니다

어머니

어머니가 미인이라는 것은
모두가 알고 있지만
아름다운 세상 등지며
쏟아 내는 숨결이
끊어질 듯 이어질 듯하다가
샛노랗던 얼굴에 금세
자애로운 미소를 짓고 계시다

아무나
저토록 편안한 임종을 맞으며
행복한 부고를 보낼 수 있을까
어머니는 역시
영원한 미스 진眞이십니다
하늘나라에 계신 어머님
다시 뵈올 수는 없는 것입니까

내 고향 강진아

우두봉 강진골에
해가 뜨면은
탐진강 물 흘러 흘러
바다로 가네

백년사의 동백꽃
이슬 맞고 피었네
가우도 출렁다리
갈매기 춤을 추며
오는 사람 반겨 주네

고려청자 도요지
저 바다를 바라보니
내가 사는 정든 고향
언제나 가고 싶은
어머님의 품속 같은
내 고향 정든 사람
구수한 사투리에
인정이 넘쳐흘러
아 아! 살기 좋은 내 고향

내 고향 강진아
까막섬 밤바다에
노을이 지면
탐진강과 마량포구
정말 좋아요
음천사에 천년 탑
돌아보니 깊은 밤
산새도 잠이 들고
강진만 가는 길목
만덕산에 노을 지고
코스모스 하늘하늘
갈대밭에 맺은 사랑
영원히 잊지 못해
새들에게 물어보자
꽃잎에게 물어보자
다산초당 정한수 石水
내 사랑 어디 갔나
언제쯤 만나려나
살기 좋은 내 고향
내 고향 강진아

강진만 갈대숲에서

고향을 노래하면
마음이 아늑하고 피가 맑아진대요
당신이 허전하고 기운이 지칠 때
강진만 갈대숲을 혼자 걸으며
숨어 우는 바람 소리를 따라 불러보세요

두루뭉술한 만덕산을 바라보며
하얀 고니를 안아보면 어떨까요
겨울에도 갈대는 변함없이
너와 나의 마음속 깊숙한 곳까지
제소리를 들려주고 있잖아요

그대 듣고 있는가
황혼의 귀향길에 숨어 우는 바람 소리를

고향은 나에게 무엇이기에
이처럼 나를 눈물 나게 하는가

월출산月出山

작지만 단아하다
전라남도 영암과 강진 사이 월출산은
백두산, 금강산, 두타산, 태백산, 지리산,
한라산보다 격 높은 천황봉天皇峰이다

세 번을 오르면 소원 하나는
반드시 이뤄진다고 한다
억새꽃 흐드러진 출렁다리를 지나
꼭대기에는 사철 마르지 않는
우물물이 고여 있다
보면서도 믿기지 않는 하늘의 조화
들머리에 천황사天皇寺
퇴로에 국보급 도갑사道岬寺와
무위사無爲寺가 있다

오르는 사람 내려오는 사람
모두모두 복 많이 받으십시오
2025년 새해가 밝았습니다

꼰대로 늙지 않으려면

시들어 아름다운 꽃이 없듯이
검버섯 핀 잔소리를 좋아하는 사람도 없다

'나 때는 말이야'
어설픈 논리로
누구를 설득하려는가

달려가는 세월에
따르지 못한 손짓 발짓
손 전화라도 제대로 쓸 줄 아는가
젊은 사람들이
눈을 돌려도 서러워 말 것이다

AI시대 살아가기

지금은 AI시대, 챗GPT가 무엇인지
다양한 핸드폰 기능은
제대로 사용할 수 있는지
우리는
되돌아 익혀 살아야 하는 시니어가 아닙니까
어렵다 포기하면 어찌합니까

하버드 새벽 4시 반

새벽 4시 반에도 잠들지 않는
하버드 창밖으로 불빛이 새어 나오고 있다

책을 읽고 글을 쓰는 사람
그림 그리고 건축을 설계하고
경영학, 철학을 연구하는 사람들

공부는 각각이지만 목적은 하나
세상을 밝게 생활을 윤택하게 하여
삶의 행복을 안겨 주는 일

하버드, 하버드대학
당신 생각은 어떤가
새벽 4시 반에도 잠들지 않는 곳

창밖으로 새어 나오는
저 불빛을 따른다면 못 이룰 것 없으리라

학업 올림픽선수*(academic olympians)*의 할머니

지금까지도
나는 아내에게 미안해
고개를 들지 못한다
유산 하나 축의금 한 푼 없는
시댁을 얼마나 아쉬워했을까

그보다
연년생 두 아들 양육비
전월세, 교육비는 또 얼마나 어려웠던가

그러나
한 번의 재수 없이
지구촌 일류대학의 석박사
원하는 직업에 척척 골인하지 않았는가

이제 우리 둘
만인의 축복을 받는
할아버지 할머니가 되지 않았는가

세계가 부러워하는 한류 문화
- 조선일보 8. 14일자

Land of the morning calm – 조용한 아침의 나라
Miracle on the Han River – 한강의 기적
Jews of the East – 동양의 유대인
24/7 Hustler – 24시간 연중무휴 활동가
Midnight snack nation – 한밤중에 스낵을 먹는 나라
Delivery nation – 배달의 나라
Street Food Heaven citizen – 길거리 음식 천국
Hallyu Warriors – 한류의 전사들
Internet Kingdom – 인터넷 왕국
Plastic Surgery capital citizens – 성형수술 수도 시민
Digital Elders – 디지털을 잘 다루는 어르신들
Academic olympians – 학업 올림픽 선수
Subway sleeping masters / uncanny ability – 지하철 잠자기 달인/ 묘한 능력
The Wi-Fi's fast – 와이파이도 엄청 빨라

파리 올림픽

더 빨리, 더 높이, 더 힘차게
경쟁을 즐겨라
지는 것은 패배 아닌
땀방울의 투쟁사일 뿐이다

40도 오르내리는 폭염에
먹는 것 잠자리 불편해도
열렬한 응원으로
힘과 기술 용기를 다하면
성과는 좋은 인연과 함께 가는 것

대한민국, 대한민국!
88서울올림픽 2002한일월드컵
우리 그날의 영광 잊을 수 있는가

새는 죽으면서도 남의 소리 내지 않고
모란, 장미, 백합. 우리 꽃 무궁화
제각각 빨갛고 노랗고 파랗고 하얀 색깔
은은하거나 톡 쏘는 향기 부드러운 마음씨를

자랑하지 않는가

장하다 우리 선수들
가벼운 몸 작은 키 나이를 극복하고
기대 이상의 성적을 올리고 있는
오 코리아 대한민국
하느님이 보우하사 우리나라 만세!

우리의 영웅들아

나의 조국은 대한민국
조국 없이 내가 존재할 수 있나
점수에 매달리면 큰 실수
시위 떠난 화살에 연연하지 말자

무엇보다 듣기 좋은 소리
가장 높은 곳 태극기를 향하여
세계인이 따라 부르는 우리 애국가 1절

오늘 딴 메달도 내일이면 과거
다시 새로운 목표를 세워야 할 것이다

광복도 이미 팔순
이제 우리 자아실현이다

한류 문화 한글

글자의 크기가 같고
소리도 하나다

너는 너 나는 나
생긴 대로 놀면서도
힘들면 쉬고 바쁘면 달려가는
고저장단의 운율을 맞춘다.

한 핏줄 끝까지 맥을 이어
600년을 앞서가는
세계 제1의 문자 과학이다

말 나오는 대로
글 나오는 대로
옮겨 쓰고 받아쓰고

하늘의 별
땅 위의 꽃
표현하지 못할 게 무엇인가

씹을수록 진맛 나는 예술
읽을수록 살맛 나는
사람의 말 사람의 글
우리나라 말 한글이 아닌가

나비의 꿈

나비가 꽃 위에서만
고요히 잠을 청하듯
나의 꿈은 언제나
그대의 눈동자에 꽂혀 있었지

빛이 사나우면 손바닥
우울한 날이면 우산 속으로
내 마음을 가린 채로

주는 정 오는 정이
부디 짝사랑이 아니기를

2부

말 잘하는 자

팔정도八正道

부처님 말씀에
깨달음과 열반으로 이끄는
수행의 길에 팔정도가 있다

정견 正見, 정어 正語,
정업 正業, 정명 正命,
정념 正念, 정정 正定,
정사유 正思惟, 정정진 正精進

나는 정어正語에 그 중심을 두고 싶다
마음에 상처를 주지 않는
있는 그대로의 말

면벽수행

코가 벽에 닿기도 전에
마음이 텅 빈 듯
무념무상
부처님 마음씨가 이런 것인가
이심전심 무아의 경지

심우도尋牛圖

소도 종료와 격이 있다
구루마 소, 쟁기 소, 젖소, 육우, 비육우肥育牛
가는 곳 어디냐고 묻지 마라
하나같이 종착은 중생의 입인 것을

국교도 아닌데

우리나라 절집은
왜 그리 나라 사랑을 강조할까
수국사, 홍국사, 봉국사, 불국사

독립운동의 수장 만해 한용운
승병장 사명대사 의병장 서산대사
지축을 흔드는 그분들의 거룩한 울림이
오늘의 대한민국 아닌가
반만년 역사의 민국이여 영원하라

산목련

진판사 독성각 옆구리에
산목련 한 그루 신선하다

몸은 근육질
기운이 조화롭고
마음은 평정으로 흐른다

훗날의 문질文質을 예고하는 듯
태어날 때 벌써
붓을 들고 나오는 봉오리들

은근하게 살이 오른 녹두 잎들과
신비스러운 연옥의 향기로 도량을 밝히고 있다

원진사院津寺 연꽃밭에서

색깔로 보나 심성으로 보나
어디에 이보다 아름다운 꽃이 또 있을까
뿌리는 구정물을 맑은 물로
빨갛고 파랗고 노랗고 하얀 깃발
잎은 아가처럼 은방울을 굴리고 있다

오직 진실만을 탐구하리라
정진正眞 스님 산문을 창건하고
신앙을 더욱 굳건히 하리라
정신正信 스님 대를 이어 가고 있다

멀지 않은 흑석산을 바라보며
소담한 연지蓮地문학관을 세우고
이심전심 해탈문 심장에 기를 꽂고 싶다

세월

산들바람

사이사이

스치는 듯 새어 나간 세월

미처

다듬을 길 없었음이 아쉬워라

추석

푸른 하늘
하얀 조각구름이 혼자라도 외롭지 않다

보고도 그리워서
오면서 가면서 눈물로 마주하던 얼굴들이
모깃불 마당가에 모였다

촉촉하게 내리는 달빛 아래
초가지붕 하얀 박꽃이 심지를 돋우고 있다

기우제

온 나라가 물난리를 겪고 있는 데도
강릉에는 비 한 방울 내리지 않는다

먹는 물 빨래 물 대소변은
어떻게 처리하라고

대관령 성황당에
기우제를 지내고

오봉 저수지의
증발을 막기 위해

볏단을 덮으면
무슨 소용인가

사람이 하늘의 조화를 어찌할까
조용히 기다리는 수밖에

말 잘하는 자

우리말 사전에 말이란
사람의 생각이나 느낌 따위를 표현하고
전달하는 행위라고 한다

"말 한마디에 천 냥 빚을 갚는다."라는 속담도
결코 있는 그대로의 사실을
보다 알기 쉽고 아름답게 하자는 것이지
거짓을 진실처럼 호도糊塗하란 뜻은 아닐 것이다

지금 우리에겐 그 어느 때보다
진실을 진실답게 말하는 정의의 사자使者가 필요하다

때로는 안팎을

집착執着은 번뇌 망상의 근원
무엇을 이룰 것인가
한 생각 집중하면 못 이룰 것 없으련만
흐린 날은 우산
맑은 날은 양산
때맞춰 안팎을 바꿔 보면
번뇌는 멀어지고 즐거움이 다가오리라
노력해서 안 될 일 무엇인가

개구즉착開口卽錯

좋은 말이라도 하지 않음만 못하리라는
부처님 말씀을 떠올리며

말로서 말 많으니 말 마를까 하노라
옛시조를 따라 읊는다

'개구즉착開口卽錯'
입을 여는 순간 틀린 말이 된다

국회의원들 입만 열면 거짓말이니
삼사일언은 고사하고
일사일언一事一言이라도 했으면 좋겠다

나도 절로 너도 절로
늘 푸른 말만 이어 갈 수는 없는 것이냐
국민을 우롱하면
반드시 대가가 따르리라

개는 개 사람은 사람

생태공원 산책길에
줄지어 가는 유모차
얼마나 예쁜 아기가 타고 있을까
광채를 기대하며 살펴보니

10대 중에 유아는 2~3명
6~7이 반려견으로
멀뚱하게 앉아 사람을 살펴보고 있다

아이들은 평상시의 포대기
반려견의 깔개는 호사스러운 고급 재료
생수 맛깔스러운 간식거리까지
어느 귀빈 행차도 부럽지 않다

서너 발짝 멀다 하고 다리 벌려 오줌 누고
10발짝 못 가 응가를 하지만
깨끗이 처리하는 사람 몇이 되지 않는다

나만 좋으면 그만
이웃은 보이지도 않는 이기적인 행동
내 새끼는 낳지 않고
길고양이 개새끼를 상전으로 모신다

개는 개 사람은 사람
기르고 지켜 주는 사이의 도덕
동방예의지국이란 칭호가 부끄럽지도 않은가
그리운 내 새끼

힘들었던 어린 시절

가난이 죄인가
힘들게 자라온 어린 시절
신문 팔다 구두를 닦다
아이스케이크 메밀묵 장사
그래도 책만은 놓지 않았다
속성학원 고등공민학교
어렵게 공무원이 되고 야간대학까지
시간을 쪼개고 등하굣길 차까지
지원해 주신 직장 상사
내 모든 것을 위하여 희생을 감내해 준 가족
돌아보니 고마운 사람들
슬프지만 흐뭇하다
문화원 노인복지관에서 배우고 익혀 나가니
나는 참으로 행복한 사람 아닌가
몸은 불편하지만 마음만은 건강하니 다행 아닌가
이웃에게 가족에게 나에게
고맙다는 말 거듭 전한다
공부는 평생을 이어 가는 것
구구 팔팔하게 살며 그 빚을 갚을 것이다

마지막 잎새

아름드리 감나무
까치밥 어린 가지에
마지막 한 잎

해묵은 거미줄에 매달려
돌다 지친 팽이처럼
이리 뱅글 저리 뱅글
깊은 시름을 앓고 있다

봄부터 가을까지
몸뚱이 가지마다에 푸른 생명 불어넣고
탐스러운 알맹이에 쓴단 맛 새겨 익히다가
하나둘 떨어져 나간 형제처럼
나 또한 사라져 가리라

서울 예찬

서울을 대한민국의 수도로 정한지 육백여 년
북악을 중심 산으로, 동으로 낙산, 서로 인왕산,
남으로 관악산, 심장인 중앙에 남산이 사방을
호위하고, 품 너른 한강 큰 다리만 31여 개
강남 강북 오가는 데 편리하기 그지없네
강원에 폭설, 제주엔 태풍, 울릉도에 해일이
서해 다섯 섬 뱃길 막힌 이상기온이 일어나도
수도 서울은 안전한 무풍지대

1000만 시민의 복지 건강을 위하여
곳곳에 무장애등산로 중간중간에 숲속의 무대
동식물을 배려하는 생태공원
길가 곳곳 편안한 쉼터 마련한 최상의 도시
강남 강북 따지지 않고 오순도순 살아가네

금수강산 아름다운 서울 한강의 기적
대한의 온누리 세계 경제 10위, 국방력 5위
모두가 부러워하고 누구도 넘보지 못하게
똘똘 하나 되어 세세만년 가꾸고 지켜나가세
오늘도 서울의 하늘은 더 맑고 푸르르러
활기 넘친 거리 모두가 웃음꽃이 피어나네

청계천의 어제와 오늘

종로구 청운동에서 발원해서 서울 도심부를 가로질러 흐르는 도시 하천인 청계천은 1955. 6. 25. 한국전쟁 종전 당시만 하더라도 버려진 쓰레기와 오물, 폐수가 흐르고 있었으며 개천을 따라 양쪽 모래톱에는 각종 의류를 염색하는 염색공장? 염색 가마솥과 건조 정대가 펄럭이었고 비탈에는 무허가 천막촌이 들어서 있어 도시 미관도 자연 공해에도 전혀 무방비 상태 아니었던가요.

그렇게 청계천이 그리 오래지 않은 이명박 전 대통령 서울시장 당시 시행한 대대적인 청계천 정화사업의 전개로 맑은 물줄기를 돌려오고 지형상 매연 악취의 흐름을 방해하는 요인으로 작용하는 고가도로를 철거 공기의 원활한 소통을 시킴으로써 떠났던 물고기들이 돌아오고 시민들은 발 담그고 물장구를 치며 즐길 수 있는 오늘의 청계천이 되지 않았습니까.

우리는 여기에서 자연환경의 중요성을 재인식하고 중단 없는 공해 대책을 세워 나아가야 할 것은 물론 아울러 전 현직 지도자의 치적에 대한 공과 죄도 바르게 평가되어야 할 것이다.

은평恩平에 살리라

재난을 막아 주고 희망을 심는다는
은혜로운 땅 은평恩平이 타고 있잖아요

서울의 배경 북한산 큰 숲
둘레길 한 바퀴 돌아 나오시면 어떨까요

가다가 힘이 들면
곳곳의 쉼터, 숲속의 무대, 마음을 씻는 다리
흐려진 마음일랑 불광천佛光川에 흘려보내시고

시리도록 아름다운 이 가을
시월의 마지막을 저 홀로 떠나게 해서야
땅의 영광 하늘의 축복을 어찌하시렵니까

앙상한 겨울나무 가지들
생각만 해도 너무 슬프지 않은가요

억새의 노래

꽃이라 부르리까
풀이라 이름할까
억새라고 그냥 뒷말을 잇지 못한다

논 밭둑 개천가 산등성이 어디든지
잘 낳고 잘 살아가는
억새꽃아 억새풀아

칼날의 너의 손이 이슬을 쪼개서
부드러운 꽃술로 세상에 뿌려질 때
꽃처럼 화사하고
불타는 정열의 단풍이 아니라도 좋다
억새꽃아 억새풀아

쓸쓸한 가을을
사나운 겨울을 슬기롭게 보내고
사철을 배부르고 고요하게 살아가는
그 이름을 불러 본다

억새꽃아 억새풀아
우린 너를 사랑한다
아 아 억새꽃아 억새풀아

불광천 벚꽃축제

꽃을 벗하며 즐기기에는 사뭇 먼 거리
폭염과 폭우 폭설의 심술로
야윈 꽃잎들이 오히려 애처롭기만 하다
그 위에 찬비가 덧칠을 하니
나 또한 줄줄 흐르는 비닐 옷이 되어
겨우 자작 시 한 컷을 암송하고
서둘러 시화전시장을 빠져 나온다

* 2025. 4. 5. 12:00
* 오늘(4.7)은 날씨가 좋아 꽃구경할 만하겠습니다.

꽃들과 대화

부처님의 꽃 연꽃에는 다음과 같은 아름다운 선함이 있다고 한다.

1. 불여악구(不與惡俱) - 악에 물들지 않는다
2. 계향충만(戒香充滿) - 향기가 가득하다
3. 본체청정(本體淸淨) - 본래가 청정하다
4. 면상희이(面相喜怡) - 얼굴이 둥글고 원만하다
5. 리제염오(離諸染污) - 오염되지 않는다
6. 유연불삽(柔軟不澁) - 부드럽고 유연하여 부러지지 않는다
7. 견자개길(見者皆吉) - 보면 즐겁다
8. 개부구족(開敷具足) - 피면 열매 맺는다
9. 성숙유상(成熟淸淨) - 성숙하면 더욱 청정하다
10. 생기유상(生己有想) - 남루한 옷을 입어도 추하지 않다

연꽃을 보고 있으면 나도 모르게 엄숙한 마음으로 감상하게 된다.

그것은 부처님의 꽃이라는 이유도 있지만, 연꽃은 더

러운 물에 뿌리를 내리고 있으면서도 연잎에 물이 닿으면 잎에 스며들지 않고 또르르 굴러 내린다. 그 청결한 모습에 감동할 수밖에 없다 연잎 사이로 당당한 자태로 우뚝 솟아오를 때 위대한 자연의 힘에 나 자신이 작아짐을 느끼게 한다.

그렇게 아름답고 고귀한 자태에 눌려 나도 모르게 고개가 숙여진다.

- 튤립 파동

튤립 파동을 아십니까. 유럽의 오래지 않은 어느 한때 알뿌리 하나가 집 한 채 값일 때가 있었다고 한다.

꽃이 전해 주는 사랑과 기쁨과 행복이 그만큼 대단하다는 뜻이 아닐까요.

- 소나무

소나무는 우리의 기상 우리의 나무다. 사철 푸르러 추운 겨울에 더 빛이 난다. 글방 소년이 막 찬물에 세수하고 나온 듯 항상 산뜻한 얼굴이다.

"남산 위의 저 소나무 철갑을 두른 듯 하느님이 보우

하사 우리나라 만세"

　바라보며 애국가를 합창할 때 불끈 힘이 솟는다. 그 기상 그 용기 우리 조국 대한민국은 영원무궁하리라

- 백합

　오월 그믐 어느 날이던가. 시샘하는 꽃비 그치고 맑은 바람 고운 햇살 아래 너는 하얗게 웃고 있었고 나는 톡 쏘는 향기에 취하고 있었지. 자연은 예술을 낳는다 하지 않았는가.

- 맨드라미

　꽃도 벼슬하기를 좋아하는가 북쪽의 기러기가 돌아올 때쯤 스미는 한기를 사려안고 대낮 목청껏 울어대는 꼬리 긴 수탉의 벼슬을 닮았다.

- 자귀나무꽃

　청사초롱 불 밝혔다. 규수는 복주머니에 연분홍 꽃술을 달고 공작새 날개처럼 깃을 세웠다. 낮에는 활짝 피고 밤에는 굳게 닫고 서로를 포개어 나 홀로의 잎은 없다. 자규 슬피 우는 유월의 동산 위에 노을이 붉어 더 아름다

운 꽃 사랑을 맺어 주는 합환목合歡木 신혼방 창문을 지키는 나무 더불어 행복한 황홀한 밤을 맞는다.

- 천사의 나팔꽃

　세상을 내려 보며 무슨 말을 하려는지 나팔을 땅으로 하고 황금빛 트럼펫을 분다. 그 소리 필시 하늘나라 복음이 아니겠는가.

- 동백꽃

　꽃들도 세월을 재촉하는가. 물같이 흐르다 연기처럼 피어오른 빨강 꽃이 가을 코스모스를 앞서가려는지 선운사 동백꽃이 저녁놀에 타고 있다.

- 천만궁天宮의 창포

　일찍이 꽃이 화장하고 나온다는 말은 듣지 못했다. 물안개가 막 꽃대를 스쳐 지난 오월의 어느 날 천만궁 연못가에 핀 한 떨기의 창포를 보기 전까지는!

- 코스모스

　여름내 곱게 자란 미소가 조금도 훼손되지 않았다. 모

처럼 푸른 하늘에 흰 구름 흐르는 날 두 소매 한가득 맑은 공기뿐인 머스마가 참말로 예쁜 사랑을 만나고 있다.

- 개망초

  꽃이라 부르기엔 좀 그렇다 치고 개망초라 내모는 건 너무하지 않나요. 쟁기 소고삐 풀고 밭머리에 앉아 막걸리 한 사발 앞에 놓고 편안하게 제 이름 '풍년초'라 불러주세요

- 수선화

  수줍은 얼굴 살며시 내밀어 따뜻한 봄볕을 배달하는 꽃 대한과 입춘 사이 허름한 돌담 아래서 곧은 줏대 청초함으로 진눈깨비 한기를 녹여 내리는 꽃 설중매의 향기를 가득 새봄에서 초여름까지 파란 촛대 위에 노랑 연등을 켜는 전설의 꽃. 스스로의 자랑 아닌 살랑하는 마음까지 숨어서 해야 하는 이유는 무엇인가.

3부
추억의 하모니

백두산 천지에서

민족의 영산 백두산
쉬엄쉬엄 반나절도 가벼운 길을
남의 땅 돌고 돌아
가녀린 해란강 일송정을 바라보며
나 또한 선구자 되어
날고 타고 달려 이틀 만에
그리운 백두산 천지를 본다

알알이 절경
머흐러 떠나지 못하는 눈은 단골 지각생이 되고
장백산이라 개명한 낯설은 푯말 아래
앉은뱅이 노란 민들레도 차마
고향을 버리지 못하고
꽃술 잔잔히 떨고만 있다

비취보다 더 아름다운 쪽빛 물결 다칠세라
미풍도 숨죽여 미동을 삼가고
가까이에 수초 한 올 풀 한 포기도
받아들이지 않는다

꿈속 같은 풍경에 무당이 신내림하듯
돌아서는 발길이 흐늘흐늘
동강 난 강산에 이슬을 뿌린다

3.1절

우리가 일찍이 경험한 일제 36년
가자지구의 팔레스타인
러시아와 싸우는 우크라이나
중국이 된 티베트

제 말을 하지 못하고
자유가 무엇인지 평화가 무엇인지
알지도 못하는
그들의 삶을 삶이라 할 수 있나

통곡의 미루나무

죄 아닌 죄인 되어 끌려가는 사람들
차라리 이길 앞서
황천길이 있었으면 좋았을 것을

서대문형무소 사형장 앞에
그날을 보며
우두커니 울지도 못하는 미루나무가 있다

이 길을 따라
얼마나 많은 독립지사들이 황천으로 가셨는가

프로야구

던지고 치고받고 달리는
야구를 좋아한다
형들이 장비를 갖추고
야구놀이를 하는 걸 보고 자랐다

안타 홈런 스트라이크 아웃
열광하는 관중 속에 나도 하나가 되어
열 올려 응원하다
응원팀이 실책을 하면
TV를 껐다 켜기를 반복한다

오후 한나절을 야구 경기에 몰입하는 나
토요일 일요일이 기다려진다
프로야구가 없는 월요일이나
취소되는 날이면
소품을 잃은 것처럼 섭섭하다

야구의 위상을 한 거 올려놓은
최동원, 선동열, 박찬호 그들이 있었기에
야구가 이처럼 번창하지 않았을까

주말 경기장이 만석이라
암표를 사야 할 형편이라니
나쁘다 말할 수는 없잖은가
답답함을 잔디 구장 밖으로 멀리 날려 보내자

아무튼 이기는 야구가 나는 좋다

프로야구 3

우리나라 최고 인기종목
프로야구에 각 구장 연일 만석
내가 응원하는 팀도
큰 기대보다는
최소 승률 5대5는 돼야 할 터인데
무사 만루, 1사 2~3루의 기회를
번번이 살리지 못한다
누가 지는 경기를 좋아하겠는가
올해 가을야구는 이제 보기도 싫다
한 주일 또 한 주일이 우울하고
짜증스럽기까지 하다

소이산 전망대

넓은 평야가 내려다보이는
철원읍 관전리 소이산 전망대
1950년 한국전쟁의 유산이다

오늘의 그 모습
찾는 이의 마음을 오히려 편안하게 한다
내일도 다시 올라 꿈속에 넣어볼거나

가을야구

9회 말 무사 만루
황금 같은 기회를
오늘도 멀리멀리 날려 보내고 만다

이어지는 7연패
누가 누구를 탓할 것인가

자리를 걷어차고 일어서는 관중들
승리의 그날은 언제인가
어쩌다 보니 성큼 가을이다

추억의 하모니

그 소리를 다시 들을 수는 없는 것일까

흐르는 등잔불 아래
할머니 돋보기가 읽어 주던
심청전
장화홍련전
그리고

낡은 교실
꼬마 풍금의 애절한 선율 속에
선생님
저희들은 물러갑니다

기어이
엉엉 울고 말았던
못다 한 졸업식의 노래

소나무

보는 순간
나는 이미 고향입니다

살며시 기대어 보고 싶은 마음
엄마처럼
포근하게 안아 줍니다

오빠처럼
푸르게 맞아 줍니다

산책길 붓꽃

먼 길이 아니라도
살펴 가십시오
무지개 뜨는 날은
길이 미끄럽습니다

붓꽃은
금방이라도 걸작을 그려놓을 듯
진지한 표정의 맑은 얼굴이다

코스모스

여름내 곱게 자란 미소가
조금도 훼손되지 않았다

모처럼
푸른 하늘에 흰 구름 흐르는 날

두 소매 한가득 맑은 공기뿐인
머스마가
참말로 예쁜 사랑을 만나고 있다

하늘이 있잖은가

모든 것은 결국
마음먹기 나름 아니겠는가

마음 닿지 않은 길은 없고
고요한 마음에
파문은 일지 않는다

오늘이 아무리 어려워도
우리
천둥 번개에도 찢어지지 않는 하늘이 있잖은가

솔향의 길

길은 걸어서 집을 나서는 것
걸음을 멈추면 길은 없다

솔향기 맡으며
동해의 일출을 보고
호수의 달도 보고
솔향*松鄕의 길을 걷는다

대관령 고개 길이 예서부터 시작 아닌가

* 솔향은 강릉

북한산을 오르며

숨 쉬기가 미안한 수풀과
손 씻기가 부끄러운 물과
작정하고 나선 꽃들이
서툰 화장기의 우리를 기죽게 한다

산은 산대로
물은 물대로
자연은 그런대로
힘들이지 않게 큰 기쁨을 안기고 있다

산이 낮아도
길이 비록 밋밋하더라도
그 정상에 올라
발아래 세상을 깔아 본다는 것이

이 얼마나 흐뭇한 일인가

후회

세월의 무게만큼 쌓인 잘못
뒤늦은 후회는 버릴 곳이 없다

거시기

너도 알고 나도 알고
누구나 쉽게 알 수 있는
거 있잖아
거시기

때로는 꺼내기조차 거북한
그거

언제 어디서나
또박또박 말하지 않아도 좋은
거 있잖아
거시기

한탄강 하늘다리에서

디 엠 지 지척에 두고
바라만 보고 있기에는
너무나 슬픈 이별

하늘만큼 오르기가 힘이 들어
하늘다리라 부르는가

서둘러 모내기를 끝낸 무논에
개구리 울음소리 아직 대답이 없다

햇빛이 맑다 하나 아스라이
볕이 좋다 하나 으스스
하늘다리 위에서
한 많은 한탄강을 내려 보고 있다

4부

꽃은 울지 않는다

저녁노을

눈부신 아침 햇살이
시들어 더 고운 저녁노을만 하겠는가

강한 것은 부드러움만 못하고
칼은 펜을 이기기 못한다 하지 않았던가

어두운 밤하늘에 별이 빛나고
잔잔한 호수라야 달을 품지 않던가

눈꽃 세상

눈안개 자욱한 덕유산 상고대를 보고 있다

꽃이 아무리 아름답다 하나
저만의 눈빛 하나로
세상을 온통 축복의 나라로 탈바꿈한
새하얀 눈꽃만 하겠는가

추위도 이별이 아쉬운가
해 저문 구천 계곡에 무빙霧氷이 짙다

눈물 꽃

느낌도 없이 울고 싶을 때가 있다

추억은 어린 시절 골목길에 머물고
나이는 밤하늘에 잔별처럼 멀어져 간다

곧은 낚시 강태공이 아니라도
늙은 날의 무료無聊함 같이
슬픈 일이 또 있을까

뭔가 하고 싶다
때로는 나만이 할 수 있는 것들
소리 내어 외쳐볼 날은

눈물 꽃 피기만을 기다려야 하는가

봄 가뭄 묵은 가지에
사나운 소낙비도 그리울 때가 있다

꽃은 울지 않는다

아프게 피어나면서도
슬프게 지면서도
꽃은 웃는다

구름이 가리고
비바람에 흠씬 젖어도
꽃은 눈물을 흘리지 않는다

부처님의 눈으로도
돼지의 눈으로도
우는 꽃은 보지 못한다

때로는 바보같이
때로는 천사처럼
웃음이 항상 하는

꽃은 피면서 웃고
떠날 때도 웃는다

설악 단풍

서릿발 하얀
백담 계곡 시린 물에 빙글빙글 흘러내리는
천연의 단풍잎을 보았는가

이월 눈 속의 매화보다
오월의 붉은 장미보다
더 곱게 피어나는 시월의 끝 단풍을

꽃은 시들어 그만
단풍은 떨어져도 또 한 삶을 살잖은가

코끝 찡한 서릿발로
설악산 골짜기를 저토록 눈물 나게 하잖은가

꽃과 나비

아무리 귀 기울여도
아무 소리도 들리지 않는다
나비가 꿀 따는 소리

설 악 초

꽃이 잎처럼
잎이 꽃처럼

더위를 식히는가
추위를 말리는가
초가을에 벌써 눈이 내린다

부드러운 햇살 아래
새하얀 미소
구름아 바람아 나를 보아라

명자꽃 이야기

곳곳에 봄이 익어 간다
열아홉 살 유두에 꽃망울이 섰다

양지바른 곳
고슬고슬한 돌담 아래
아프지 않은 가시를 달고
더 이상 보태고 빼고 다듬을 게 없는
사랑스러운 핏빛 고운 살결이다

꽃이
저토록 야무지고 아름답기는
좋은 인연의 내림이 아니겠는가

할아버지가
하나뿐인 손녀의 이름을 명자라고 지으신
사연이 그러하였다

목련꽃 아래서

꽃이 아름다운 것은
세월이 아직 젊기 때문이다
귀엽지 않은 새끼를 보았는가
시들어 아름다운 꽃을 보았는가

과수원 일기

가지를 치고
뿌리를 돋우고
풀을 뽑고 나물을 캔다

힘들게 버티어 온 겨울나기들
더는 고프지 않게
거름을 주고 농약을 뿌린다

참으로 반가운 것은
새 꽃눈을 깨워 주는
시원한 봄비가 아니겠는가

민둥산 억새

1.
산은
우량아로 길러 주신 어머니의 젖무덤같이
코를 맞대고 비비고 싶다
젖은 웃통을 벗어 실없는 투정을 하고도 싶다

아래는 사나워도 위쪽이 밋밋하여
아버지가 닦아 주신 임도林道를 따라
굽이굽이 '아라리가 났네.' 흥얼대며 간다

2.
봄꽃 가을 단풍이 제일이라지만

솟아오름 희망으로 태어나서
봄을 푸르게 여름을 시원하게
가을에 우리를 못 잊게 하고
긴 겨울 홀로
민둥산을 지키는 은빛 억새만은 못 하리라

3.
누군가 매달아 놓은 산상의 우체통에
모처럼의 한 장 육필 엽서를 보낸다

'할아버지는 지금 민둥산 정상에 섰다'

구월을 부르는 소리

시재詩材가 아쉽다는 글벗에게
못 들은 척 쪽지 한 장을 건넨다

매미 울음소리가 저만큼 잦아들었네
지하방 귀뚜라미가 바통을 이어받았는지
귀가하는 워낭 소리를 어우르고 있네

코스모스가 흔들흔들 키 자랑을 하는 사이
여름꽃들은 때깔 좋은 과실이 되지 않았는가

푸른 하늘이 더 높이 올라앉아
길 잃은 낮달을 재우려는 듯
하얀 목화솜 포대기를 깔고 있네

그러게
추억이 깨알같이 튀어나올 것 같은
고샅길을 한 번쯤 돌아 나오시면 어떻겠는가

시월의 마지막 날에

어디든 하염없이
걷고 싶은 마음이다

억새 부채를 들고
때묻은 책장을 넘기며
시간은 묻지 않았으면 좋겠다

졸리는 저녁노을
잠 깨워 같이 놀자는 별들 함께

내일도 오늘처럼
울긋불긋한 발품을 팔자
흩날리는 낙엽이 슬프지 않게

12월의 편지

12월엔 편지를 쓰세요

노란 은행잎 하나
아니면
빨간 단풍잎 두셋을 곱게 펴서
변치 말고 잊지 말자고
사철이 한결같이 늘 푸른 솔잎으로
촘촘히 박음질을 하세요

기러기 울고 가는 으스름달밤
낙엽이 지는 소리를 얹어 보내시면
더 좋겠지요

늦어도 성탄 전날까지는
징글벨 소리도 함께 들을 수 있게

삼짇날의 눈꽃

서둘러 첫차를 타고
대관령 고갯길을 막 넘어서는데
횡계마을이 온통 눈꽃 천지다

눈이 내려 꽃으로 피는지
꽃이 눈으로 다시 피는지
자연의 손끝
아름다움의 마지막을 보는 것 같다

때늦은 눈꽃 속에 조금은 더 머물고 싶지만
아쉬움을 뒤로하고 발걸음을 돌린다

재작년 장모님 장례식에는
흰나비가 비행하며 선구를 하였는데
올봄은 왜 이리 더디게 오시는가

유월의 꽃

두꺼운 구름 사이로

장독대 옆 접시꽃
울타리 타고 오르는 빨간 장미

기죽은 낮달이 백지장이다

폐허 – 담쟁이넝쿨

헐린 집
잘려 나간 꽃과 나무들
마당가 실개천도 사라지고 없다

남은 것은 가난했던 추억뿐인가

낙엽은 떠나려다 발아래 머물고
뼈대만 겨우
허물어진 담벼락을 붙들고 늘어지는
담쟁이넝쿨 눈물이 난다

강아지풀

장맛비 사이사이
해맑은 눈망울들

노을이 스치는 풀벌레 소리
초승달 서늘한 바람결에도
잔잔한 미소로 다가오는 놈
참 귀엽다

천성이 그리 고운 줄
혼자서
여의 샛강을 걸어보며 알았다

나목

촛불이 어떻게 바람을 이길 수 있나
천하장사도 세월 앞에 무릎을 꿇더라
나날이 더해 가는 잔주름
앙상한 갈퀴손을 어쩌란 말이냐

낙엽

떨어져서도 차마

동천洞天의 그리움을 어찌지 못해
별서別墅의 낙숫물에
파문을 그리고 있다

동백꽃

가을에 피어도
봄에 피어도
그 이름은 동백꽃

빨간 꽃
청록 잎
도끼도 어림없는 강단의 뿌리
떨어진 꽃송이가 다시 살아나고 있다

백련사 동백 숲에는
죽어도 죽지 않은 꽃길이 열리고 있다

능소화

외로운 가슴
안타까운 노을빛에
여름내 타는 목
가을비에 축여볼까 기다리다 지치는가

젖은 옷 간주기를
긴 하루가 모자라서
등잔불 툇마루에
초롱불을 걸어 놓고
섬돌 밑 귀뚜라미 발 구르는 소리를 줍는가

낮은 어디에
초승달 너머의 밤만을 그리는가

꽃길을 떠나는 사람

환송의 덕담이
귓가에 아직
긴장의 순간을 풀지 못한다

제철 다하지 못하고
떨어져 나간 낙엽들처럼

밤하늘을 떠나
별은 어디로 가고
무대를 떠난 배우는 또
어디에 다시 서야 하는가

스크린은 천천히 커튼을 내리고
돌아서 가려는 꽃길에
어둠이 짙게 깔리고 있다

5부
생각이 곧으면 산다

꽃보다 아름다운 꽃향기

설날 아침이다

산은 멀리에
나무는 숲 가까이에
꽃은 집 안에 있다

할머니 품 안에 배시시 웃어 주는
아가의 꽃향기가 있다

베란다 화단

남향집 동창 아래
한 평 남짓한 공간
마음만은 한없이 넓다

꽃보다 잎이 시원한
두 그루의 후박나무
빨간 단풍을 맨 앞줄에

봄날의 철쭉
한여름 백일홍을 다음 줄에

사철이 늘 푸른 관음죽 한 떨기
자귀나무 꽃술 복주머니에
고요와 행운을 함께 담았다

등굣길의 쌍둥이처럼
나팔꽃 두 줄기가 나란히
김 서린 유리창을 기어오르고 있다

여섯 잎 클로버

언제 어디서 묻어 왔는지
베란다 화분에
여섯 잎 클로버 한 떨기

햇빛도 없는 그늘에서
아침이면 활짝 잎을 펴고
저녁이면 살며시 눈을 감는다

푸른 잎
순하게 길들여진 강아지처럼
우리를 즐겁게 한다

주말농장

주말처럼
하루를 소풍하듯
아침이슬을 밟는다

내 손으로 김밥 한 줄
아리수 한 병
호미 한 자루 옆에 차면
나비처럼 여유로운 행낭이다

한낮에 뻐꾸기
해거름에 자규새
귀갓길 나도
신선한 한 소절을 읊조리고 있다

땅끝 마을에서

매실의 계절 유월이 지고 있습니다
달마산 하늘길을 따라
도솔암 야문 돌각길이
땅끝으로 내리고 있습니다

소나무가 으스러지려는 바위를 붙잡고
힘에 겨워합니다
땅끝 봉우리에 삭도가 느릿느릿
오르내리고 있습니다

뱃길은 흔들리는 마음들을 실어 나르고
날씨는 한가로이
천년의 가뭄에도 바다는 마르지 않고
온 여름 장마에도 물은 넘치지 않습니다

뱃전에는 귀농의 꿈을 안고 돌아온
바다 양식장이 배부르게 펼쳐지고 있습니다

수석은 물에 씻은 듯이 깨끗하고
송죽은 생명이 다하도록 푸르름을 잃지 않고
달은 죽은 듯이 다시 살아나고 있습니다

갈대 우거진 언덕길에
보릿고개 넘긴 삐비꽃이 활짝 피었습니다

채마밭 언저리에 새끼 염소가
지붕 낮은 처마 밑에 제비 한 가족이
하룻밤의 손님을 반기고 있습니다

웃는 얼굴에

웃고 있는 얼굴이
너 좋고 나 좋고 누구나 좋아하는 꽃

나는 너에게 너는 나에게
주는 마음 받는 즐거움이
이보다 더 좋은 거 없지 않나요

울지 마세요
웃기지 마세요
궂은비 찬 바람에도 우는 꽃 없잖아요

"웃으면 복이 온다"
영혼도 좋아하는 진리의 말씀

너와 나
우리 모두 꽃처럼 행복하게 살 수는 없는 건가요

꿈은 이루어진다

벌이 날아가는 곳
어딘가에 꿀이 있다지만
내 꿈에
남의 이야기 실을 수는 없잖은가

꼭꼭 다져 온 혼자의 꿈
반드시 이루어지리라

누가 몰래 담아갈 수는 없을 것이다

생각이 곧으면 산다

인공지능 시대라지만
생각 먼저 뛰쳐나간 행동은 없다

"살아야겠다고 버티니 살아지더라"

커피믹스 하나
한두 방울 낙수

그렇게 아흐레
기어이 하늘이 보이더라

무너진 탄광에 누워 바라본 세상도
그 하늘 아래 있더라

석양이 하고 싶은 말

이제 잠시 쉬어 갈 만하다
스쳐 지나가는 바람과 함께

맞을 만큼 맞고
겪을 만큼 겪었다

노을이 아름답다
내일 날씨는 맑음이다

계절의 순리를 따라
마지막을 장식한다

노을이 지고 있다

나는 누구 여기는 어디

임종을 기다리는 저녁노을이다
광풍에 날려 버린 용마름
서산마루 외딴집이다

같이 놀던 흰 구름
심술꾸러기 먹구름
다 어디로 갔나

창밖은 어둠 속에 묻힌 세상
나를 아직 찾지 못했다

독거노인

늙기도 서러운데
외톨이로 산다는 것
더 하고 싶은데 할 일이 없다는 것

외로움이 차곡차곡
버려진 낙엽 위에 진눈처럼 쌓이고 있다

올 사람 갈 곳도 없는
노을빛에 젖은 사람들

추억에 묻히리라

기억하고 싶지 않은 것은
추억이 아니라 했다
좋은 인연 아름다운 사연들이
먼 길 함께하기를

푸른 잎 한 잎 두 잎
산을 물레 돌려 실패 부풀리듯
그날그날의 행복했던 순간들
차곡차곡 쌓아 가면 좋으리

소년은 희망을
노인은 추억을 먹고 산다 하지 않았는가

근원根源

봄날의 아지랑이
여름 소나기
가을 하늘 흰 구름
설날 아침의 소복한 눈
그 뿌리가 어디인가

누가 물 없는 세상을 보았다던가
어디에 물 없는 목숨이 있다던가

윤동주 생가에서

황톳길 꼬불꼬불 묻고 물어
옛 만주 동간도 땅
윤동주 시인 생가를 찾아본다

불모의 고장이란 옛말과는 달리
땅심地心은 검붉고 산천은 넉넉하다

낡은 서까래 지붕의 잡풀
보기 민망한 해우소解憂所
황토 도배 칠 얼기설기

해진 적삼의 개구쟁이 검은 얼굴들
강냉이죽이라도 먹었는지

대강 대강의 기념비를 보면서
일제 치하 조상들의 처참한 행적
갇힌 시인을 연상해 본다

석양에 젖어 사립문을 나서는데
새엄마 젖무덤 닮은 잘생긴 뒷동산에
누렁송아지 젖 빨아 행복하다

내일의 자화상
-세렝게티에서

왕국을 호령하던 갈기는 힘을 잃고
눈은 뜨기도 어렵지만
감는 게 더 어려운 듯

먹잇감이 오는지 가는지
함께하던 무리가 모두 떠나가도
제 몸 하나 어쩌지 못하고 있다

메마른 초원 응달진 구석에
초원을 호령하던
사자 한 마리 누워 있다

구름이 즐거우니

잔잔한 호숫가 그늘을 벗어나니
산이 세수를 한 듯
맑은 얼굴이다

착한 바람 불러
꿈길을 함께 가자는가

멀리 퍼져 나가는
산사의 종소리에
두물머리 돌아 나오며
다정한 미소를 짓는다

역대급 따뜻한 입춘 날
구름이 저토록 즐거우니

남 먼저 일어나 마당 쓸어
황금 나오기를 기대해도
좋을 것 같다

낙가산洛迦山 보문사

낙가산 보문사에는 어디에도 없는
소원이 이루어지는 길이 있다

사홍서원四弘誓願의 발길이
마애관세음보살 앞에 오르기까지는
지그재그 419계단
숨이 차고 허리도 아프지만

발아래
끝없이 펼쳐지는 석모도의 갯벌이
답답한 마음을 시원하게 풀어 주는 듯

저절로 흘러나오는 내 안의 염불 소리
거룩한 부처님께 귀의합니다
거룩한 법문을 다 이루오리다

수국사守國寺

하나뿐인 황금절
나라 안팎이 어렵다 하나
부처님 머리로 안 되는 것 무엇인가

도량 가득히
불두화佛頭花를 심는다

"지혜와 자비로 세상을 아름답게"
만법을 전하는 수준 높은 템플 스테이

사철을 거르지 않은 나눔의 노래
아무도 알지 못하는
마하가섭의 「염화미소전」이 독특하다

"모든 것에는 이유가 있다"
어느 분의 말씀인가

한미산 흥국사興國寺

나라가 잘되라고 흥국사라 했나
북한산 들머리에 터를 잡아
우뚝 솟은 노적봉을 마주하고 있다

1,300여 년의 고찰답게
소담한 전각들
약사여래를 주불로 모셨다

중생의 건강과 재화 소멸
국태민안을 염원하신
원효元曉의 숨결이 오늘에 더 빛나고 있다

마음을 닦으면 세상도 밝아지리라

경찰관

봉사와 질서 안녕
나라와 국민이 먼저다
살피고 다독거려 사고를 예방하고
위험 무릅쓰고 재난을 구한다

남이 즐길 때 긴장하고
남이 아플 때 더 아파야 한다
끝이 없는 근무
휴일과 비번은 예정일 뿐

부르는 곳
언제 어디라도 달려간다
인연에 연연하지 않고
현장에 충실하다

독도 마라도 이어도 연평도
무궁화 삼천리
태극기를 곧게 세워
민족의 기상 힘차게 알린다

여의 샛강에서

봄비가 여의 샛강을 적신다
쑥부쟁이 더불어 풍년초가 쑥쑥 자라고
넓은 듯 좁은 듯
그만그만한 물길이
먼 길을 돌아 나와 한숨을 돌린다

평화스러운 한강 물에
북한산 그림자가 함께하기를
해오라기 검은 눈에
색안경을 걸어 줘야 할까 보다

오늘은 어린이날
푸른 오월이 겹겹으로 내려
샛강의 풍월을 새가 읊는다

매미의 일생 2

땅속에서 7년
땅 위에서 10여 일을
참이슬 한 방울로 마른입을 적셔 가며

밤낮없이
사랑 노래 부르다가 부르다가
한여름 무더위가 가기 전에
어디로 가는가

한 번의 짝짓기로
단 하나의 생명 줄을 놓아 버리는
허무의 삶

봉선사 연꽃밭에서

아름답다
시리도록 청순하다

자애로운 눈빛 은은한 향기
끌려가는 마음을 어쩌지 못한다

무심의 역작 염화미소
그 또한 연화가 아닌가

양희봉梁熙琫의 가계家系

(본관本貫 : 남원南原)

고조高祖 : 재봉在鳳 - 가선대부嘉善大夫
증조曾祖 : 진석鎭錫 - 통정대부通政大夫
조부祖父 : 승식承植 - 문사文士(松庵)

부父 : 병태炳太 + 모母 - 남복달南福達

희봉 : 熙琫 + 최정한 : 崔貞閑

웅雄 + (신희수 申喜琇) 일日
광재 光材. 인서 仁瑞